Equipos de Protección Individual (EPI). SEAD221PO

Manuela Pomares Morgado

ic editorial

Equipos de Protección Individual (EPI). SEAD221PO
© Manuela Pomares Morgado

1ª Edición

© IC Editorial, 2024

Editado por: IC Editorial
c/ Cueva de Viera, 2, Local 3
Centro Negocios CADI
29200 Antequera (Málaga)
Teléfono: 952 70 60 04
Fax: 952 84 55 03
Correo electrónico: iceditorial@iceditorial.com
Internet: www.iceditorial.com

ISBN: 978-84-1184-369-0
Depósito Legal: MA 2207-2024

Impresión: PODiPrint
Impreso en Andalucía – España

Nota de la editorial: IC Editorial pertenece a Innovación y Cualificación S. L.

Especialidad formativa

Se entiende por especialidad formativa la agrupación de contenidos, competencias profesionales y especificaciones técnicas que responde a un conjunto de actividades de trabajo enmarcadas en una fase del proceso de producción y con funciones afines.

Las especialidades formativas de Uso General, Formación Complementaria, Formación Modular y las especialidades formativas dirigidas a la obtención de certificados de profesionalidad se incluyen en el Fichero de Especialidades del Servicio Público de Empleo Estatal para su gestión en todo el territorio nacional por cualquier Administración competente.

Las especialidades complementarias, pertenecen todas a la Familia profesional de Formación Complementaria (FCO) y tienen la consideración de formación transversal en áreas que se consideran prioritarias tanto en el marco de la Estrategia Europea para el Empleo y del Sistema Nacional de Empleo como en las directrices establecidas por la Unión Europea. Se consideran áreas prioritarias las relativas a tecnologías de la información y la comunicación, la prevención de riesgos laborales, la sensibilización en medio ambiente, la promoción de la igualdad, la orientación profesional y aquellas otras que se establezcan por la Administración competente.

Las especialidades de Certificado de profesionalidad tienen una duración especificada en su normativa reguladora.

En el resultado de la búsqueda, se muestran las unidades de competencia, todos los módulos formativos con su duración y las unidades formativas del certificado correspondiente, con su duración. Las horas del certificado, exclusivo de las especialidades de certificado de profesionalidad, con alta igual o superior a 2008, son las horas totales más las horas del módulo de Prácticas Profesionales no Laborales.

⮑ **Si la especialidad tiene unidades formativas,** las horas totales, presencial, distancia, teleformación serán igual a la suma de esas horas de las unidades formativas de los distintos módulos, sin que se repita ninguna Unidad formativa.

➲ **Si la especialidad no tiene unidades formativas,** las horas totales, presencial, distancia, teleformación serán igual a las sumas de esas horas de los módulos formativos, eliminando las horas de los módulos repetidos.

https://sede.sepe.gob.es/especialidadesformativas/RXBuscadorEFRED/BusquedaEspecialidades.do

(Fuente: Servicio Público de Empleo Estatal)

Índice

OBJETIVOS GENERALES

Los objetivos generales del **SEAD221PO. Equipo de Protección Individual (EPI)**, son los siguientes:

- ⮞ Describir y seleccionar los Equipos de Protección Individual necesarios en función de la actividad laboral desarrollada y elaborar guías de uso y mantenimiento de los mismos.
- ⮞ Conocer los diferentes EPI utilizados para la zona de la cabeza en concreto.
- ⮞ Analizar los diferentes EPI utilizados para la protección de las vías respiratorias.
- ⮞ Conocer los diferentes EPI utilizados para la protección de las extremidades.
- ⮞ Exponer los diferentes EPI utilizados como vestuario de protección.
- ⮞ Conocer los diferentes EPI utilizados para la protección contra caídas.
- ⮞ Conocer los diferentes tipos de protección asociados a sectores muy específicos.

Unidad de aprendizaje 1

Protección de la cabeza, cara, ojos y oído

Contenido

Objetivos

El objetivo general de esta Unidad de Aprendizaje es:

→ Conocer los diferentes EPI utilizados para la zona de la cabeza en concreto.

Los objetivos específicos de esta Unidad de Aprendizaje son:

→ Describir los cascos, los protectores faciales y oculares y los protectores auditivos utilizados como EPI.

→ Exponer una selección de los equipos de protección individual.

→ Explicar el uso correcto de los equipos de protección individual.

→ Incidir en la importancia del mantenimiento de los equipos de protección individual.

1. Introducción

La normativa aplicable a la prevención de riesgos laborales (Ley 31/1995, de 8 de noviembre, de prevención de Riesgos Laborales) define EPI (equipo de protección individual) como "cualquier equipo destinado a ser llevado o sujetado por el trabajador para que le proteja de uno o varios riesgos que puedan amenazar su seguridad o su salud, así como cualquier complemento o accesorio destinado a tal fin". Quedan fuera de esta definición, por ejemplo, los uniformes que no estén destinados a la protección física de los trabajadores, equipos de socorro o salvamento, material de deporte, material de autodefensa, entre otros.

Por lo tanto, dentro de la prevención de riesgos laborales, se hace necesario que la persona trabajadora esté protegida físicamente mientras realiza su actividad profesional. Este equipo tiene que ser proporcionado de forma gratuita por el responsable de la empresa.

A continuación, se describen los diferentes equipos utilizados para la zona de la cabeza, cara, ojos y oídos, el motivo de su elección, su uso y mantenimiento.

Roberto y Ana son los responsables de la prevención de riesgos laborales en una empresa de construcción y de las subcontrataciones que realizan. Una de las partes fundamentales de esta responsabilidad es determinar los equipos de protección individual en cada puesto de trabajo y actividad desarrollada.

2. Descripción de los cascos

👉 **HILO CONDUCTOR**

En una empresa de construcción, uno de los EPI fundamentales son los cascos para proteger la zona de la cabeza de golpes contra objetos fijos, caídas de objetos o riesgo eléctrico. Roberto y Ana tienen que estudiar la normativa vigente para empresas de construcción para elegir los modelos de cascos certificados.

Los **cascos** utilizados como EPI se definen como un objeto fabricado con un material resistente, con forma semiesférica que se adapta a la cabeza para protegerla de múltiples riesgos. Se pueden encontrar diferentes **tipos:**

> **Cascos de protección o de seguridad**
> - Utilizados frente a caídas de objetos o contacto eléctrico accidental, salpicaduras de metal fundido, etc.

> **Cascos contra golpes**
> - También conocidos como gorras contra golpes con objetos duros y fijos.

> **Cascos más específcos**
> - Como los de bomberos, los eléctricamente aislantes o los utilizados para realizar actividades deportivas como el alpinismo, ciclismo, etc

Ejemplo de casco de seguridad contra golpes

3. Selección de la protección de la cabeza

 **HILO CONDUCTOR**

En una obra de un edificio hay muchas tareas con un riesgo asociado y que, por lo tanto, necesitan protección de la cabeza. La elección correcta del casco para cada puesto es un reto para Roberto y Ana.

A la hora de seleccionar la mejor protección para la cabeza, se deben estudiar los riesgos asociados y elegir la mejor opción de casco.

NOTA

Lo que sí se debe tener cuenta es desechar un casco después de cualquier impacto que sea significativo, que esté desgastado, deformado o con arañazos profundos.

Existen los siguientes tipos de **cascos certificados, regulados según normativa:**

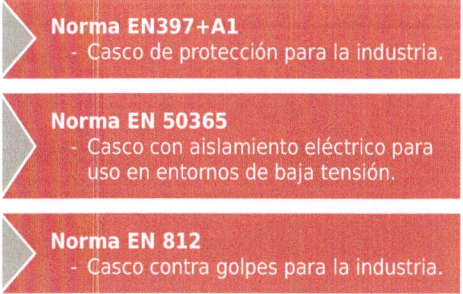

Norma EN397+A1
- Casco de protección para la industria.

Norma EN 50365
- Casco con aislamiento eléctrico para uso en entornos de baja tensión.

Norma EN 812
- Casco contra golpes para la industria.

3.1. Uso de los cascos

Se deben seguir las siguientes recomendaciones para usar un casco de manera adecuada:

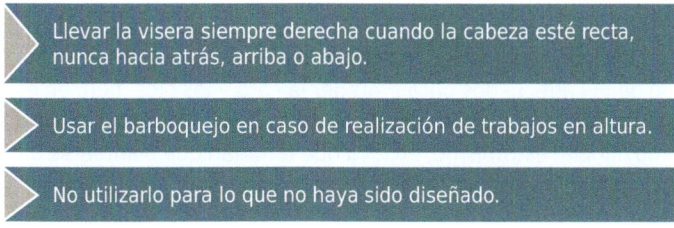

Llevar la visera siempre derecha cuando la cabeza esté recta, nunca hacia atrás, arriba o abajo.

Usar el barboquejo en caso de realización de trabajos en altura.

No utilizarlo para lo que no haya sido diseñado.

Continúa en página siguiente >>

<< Viene de página anterior

> Tener en cuenta el uso de otros equipos de protección y ver su compatibilidad.

> Importante que sea cómodo para el usuario y que cuente con los accesorios adecuados (ventilación, peso, ajuste, etc.).

3.2. Mantenimiento de los cascos

Los cascos de protección necesitan de un mantenimiento para que su vida útil sea más larga. Para su mantenimiento, se necesita:

> No modificar nunca el casco (con agujeros para ventilación, decorarlo con pintura, etc.).

> Almacenarlo de forma adecuada, normalmente, sin exponerlo a la luz solar directa.

> Revisar de forma periódica, o tras un accidente, los ajustes, la superficie, etc.

4. Descripción de los protectores faciales y oculares

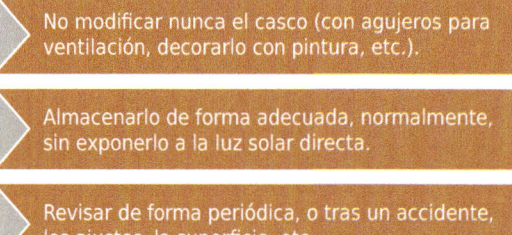 **HILO CONDUCTOR**

En el protocolo elaborado por Roberto y Ana se hace necesario incluir la utilización de EPI adecuados para proteger la cara y los ojos, pero en este caso tienen que tener muy en cuenta si el usuario del equipo presenta alguna dificultad visual como miopía, estrabismo, etc., ya que tendrían que plantearse ajustar las gafas.

Uno de los riesgos que hace necesario proteger los ojos es la entrada de algún cuerpo extraño en el globo ocular del operario. De ahí que el protector elegido haga de pantalla entre el ojo y el entorno.

Gafas de protección de montura universal sin protecciones laterales

4.1. Selección de los protectores faciales y oculares

Para la correcta selección se debe tener en cuenta:

➲ **Tipo de protector.** Según el diseño de la montura:

- ∪ Gafas de protección de montura universal con o sin protecciones laterales.
- ∪ Gafas de protección de montura integral (protección desde todos los ángulos).
- ∪ Pantallas faciales (que pueden ser enterizas y sujetas a la cabeza o de mano).

Los dos primeros tipos se puede graduar en caso necesario.

➲ **Campo de uso.** Según la protección frente a varios riesgos:

- ∪ Impacto, penetración de partículas (grano grueso, fino o gases).
- ∪ Salpicadura de líquidos, arco eléctrico de cortocircuito, radiaciones ópticas.
- ∪ Proyección de metales fundidos y sólidos candentes.

➲ **Prestaciones o características.** Características de los oculares:

- ∪ Vidrio
- ∪ Material orgánico (acetato policarbonato, entre otros)
- ∪ De malla

Además, estos se clasifican en tres niveles de clase óptica (1, 2 y 3), siendo la 1 de mejor visión.

- **Resistencia.** Es importante tener en cuenta la resistencia al empañamiento, al deterioro superficial por partículas finas o alta reflectancia en el infrarrojo.
- **Adaptabilidad.** Se debe prestar atención al confort, la adaptabilidad o compatibilidad con otros EPI.

4.2. Uso de los protectores faciales y oculares

No todos los campos de uso de los protectores oculares y faciales son compatibles con cualquier montura. Por otro lado, no se debe limpiar nunca el ocular con un paño seco (seguir las instrucciones del fabricante) y no utilizar cuando la visibilidad esté claramente reducida (oculares muy arañados o gastados).

 SABÍAS QUE...

Cuando sea necesario adaptar un EPI certificado a un usuario con características físicas diferentes a las "normales" con el fin de garantizar el ajuste y la funcionalidad, esta modificación implica automáticamente que es un nuevo equipo y debe ser evaluada su conformidad con el reglamento.

 ACTIVIDAD COMPLEMENTARIA

1. Indaga en el Real Decreto 286/2006, de 10 de marzo, sobre la protección de la salud y la seguridad de los trabajadores contra los riesgos relacionados con la exposición al ruido; sobre los tres niveles de acción para los distintos niveles de ruido.

5. Descripción de los protectores auditivos

☞ **HILO CONDUCTOR**

Es muy importante identificar si dentro de las actividades desarrolladas en un trabajo existe el riesgo de dañar la audición. En este caso, es necesario incluir dentro del listado de EPI protectores auditivos. Roberto y Ana, además, creen necesario realizar una prueba de audiometría a los usuarios de estos protectores para así elegir los más adecuados.

Los protectores auditivos actúan disminuyendo los efectos perjudiciales del ruido en la salud auditiva de los trabajadores que los utilizan, evitando el deterioro y pérdida de la capacidad auditiva como los daños asociados.

Para describir los protectores auditivos hay que clasificarlos:

- **Según su diseño.** Podemos encontrar:

  - **Orejeras:** casquetes forrados con un material con capacidad de absorción del sonido que cubren los pabellones auditivos y que se adaptan a la cabeza mediante unas almohadillas flexibles y blandas, rellenas de un material viscoso. Estos casquetes están unidos por un arnés de metal o plástico. Según esto, son:

    - Orejeras con arnés sobre la cabeza
    - Orejeras con arnés detrás de la cabeza
    - Orejeras con arnés bajo la barbilla
    - Orejera con arnés universal

  - **Tapones:** se introducen dentro del conducto auditivo externo actuando como barrera. Pueden ser independientes o estar unidos con arnés o cordón de unión:

    - Tapones desechables
    - Tapones insertos
    - Tapones reutilizables
    - Tapones con banda o arnés
    - Tapones personalizados o moldeados

◐ Según su funcionamiento. Encontramos dos tipos:

⬍ **Pasivos:** reducción del ruido según su diseño o materiales utilizados en su fabricación (por absorción o reflexión del sonido) sin incluir ningún mecanismo extra.

⬍ **No pasivos y dependientes del nivel:** son a los que se les añaden funciones adicionales con componentes mecánicos o electrónicos (por ejemplo, los que llevan un sistema de comunicación).

Protector auditivo tipo orejera con almohadillas

5.1. Selección y uso de los protectores auditivos

En muy importante considerar los siguientes aspectos ante la elección de los protectores auditivos:

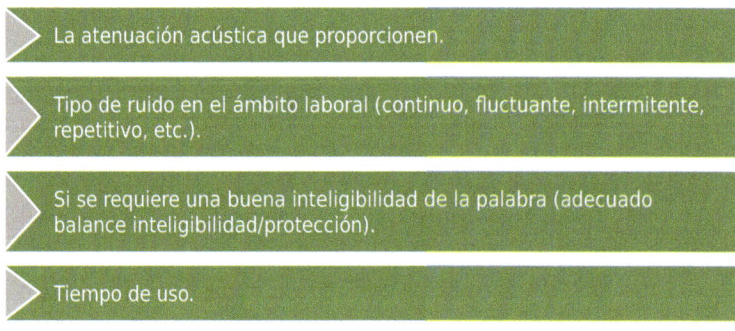

La atenuación acústica que proporcionen.

Tipo de ruido en el ámbito laboral (continuo, fluctuante, intermitente, repetitivo, etc.).

Si se requiere una buena inteligibilidad de la palabra (adecuado balance inteligibilidad/protección).

Tiempo de uso.

Continúa en página siguiente >>

<< Viene de página anterior

> Temperatura del ambiente.

> Si existe algún trastorno médico auditivo por parte de la persona trabajadora.

> Un adecuado ajuste y adaptación al usuario, ya que podría verse influenciada la eficacia de la protección.

> Utilizarlo durante todo el tiempo en el que se está expuesto al trabajo.

5.2. Mantenimiento de los protectores auditivos

Para un correcto mantenimiento de los protectores auditivos, se debe tener en cuenta:

- No modificar nunca ningún protector.
- Sustituirlos ante cualquier signo de deterioro (rotura de casquetes o aparición de grietas o endurecimiento de las orejeras o disminución de la presión del arnés).

 TAREA 1

En tu empresa de construcción, eres el responsable de realizar el protocolo escrito de prevención de riesgos laborales y los EPI necesarios en cada puesto. Según cada imagen, identifique los EPI necesarios en la zona de la cabeza.

Continúa en página siguiente >>

<< Viene de página anterior

6. Resumen

Todo trabajo desarrollado tiene algún riesgo y es responsabilidad del empresario y de la persona trabajadora proporcionar y utilizar correctamente los equipos de protección individual (EPI). Algunos trabajos hacen necesario el uso de EPI para la cabeza, cara, ojos y oídos. Estos poseen unas características que permiten su uso de forma certificada.

Protección de cabeza	Protección de cara y ojos	Protección de oídos
Tipos		
- Casco de protección para la industria. - Casco con aislamiento eléctrico para uso en entornos de baja tensión. - Casco contra golpes para la industria.	- Gafas de protección de montura universal. - Gafas de protección de montura integral. - Pantallas faciales.	- Orejeras. - Orejeras acopladas a cascos de protección. - Tapones. - Pasivos: reducen el ruido según su diseño o material utilizado. - No pasivos: pasivos a los que se les añade algún componente.

Continúa en página siguiente >>

<< Viene de página anterior

Protección de cabeza	Protección de cara y ojos	Protección de oídos
Selección		
- Según el tipo de trabajo realizado.	- Según tipo de protector (diseño de la montura). - Campo de uso (frente a varios riesgos). - Prestaciones, características oculares, nivel de clase óptica (1, 2 y 3). - Resistencia al empañamiento, deterioro superficial y alta reflectancia en el infrarrojo. - Confort, adaptabilidad y compatibilidad con otros EPI.	- Según atenuación acústica. - Buena inteligibilidad de la palabra. - Trastorno médico auditivo del trabajador.
Uso		
- Llevar siempre visera derecha. - Uso de barboquejo en altura. - Compatibilidad con otros EPI. - Confort, ventilación, peso, ajuste, etc.	- Compatibilizar montura con campo de uso. - No utilizar con visibilidad reducida (arañado o gastado).	- Ajustar y adaptarlo al usuario. - Durante todo el tiempo de trabajo.
Mantenimiento		
- No modificar. - Almacenaje adecuado, sin exposición a luz solar directa. - Revisión de forma periódica o tras un accidente.	- No modificar. - No limpiar con un paño seco. - Revisar las almohadillas de las orejeras.	- No modificar. - Sustitución ante cualquier deterioro.

Ejercicios de autoevaluación
Unidad de Aprendizaje 1

1. Un EPI es...

    a. ... un equipo de trabajo individual.
    b. ... un equipo de protección individual.
    c. ... el uniforme de trabajo.
    d. Todas las opciones son incorrectas.

2. Indica si las siguientes afirmaciones son verdaderas o falsas.

Para proteger la cabeza en una actividad profesional que tenga un riesgo asociado, el casco es un elemento:

    a. Que puede ser de cualquier tipo que esté en el mercado, siempre y cuando proteja la cabeza.

        ■ Verdadero
        ■ Falso

    b. Certificado y con unas características que lo hacen idóneo para la protección y la seguridad.

        ■ Verdadero
        ■ Falso

    c. Que no se puede modificar para ponerlo al gusto del operario.

        ■ Verdadero
        ■ Falso

    d. Que hay que usar en todo momento de la jornada laboral.

        ■ Verdadero
        ■ Falso

3. La función principal de la protección ocular es:

    a. Proteger la vista del operario de cualquier cuerpo extraño que pueda entrar en contacto con el globo ocular.
    b. Agudizar la visión del operario para realizar su tarea.

    c. Proteger la vista del operario de las radiaciones.

    d. Todas las opciones son correctas.

4. En el caso de que un operario tenga alguna condición física diferente a las "normales", ¿se debe modificar el EPI que tiene que utilizar?

    a. No, tiene que utilizar el que le proporciona la empresa.

    b. Sí, el propio operario puede modificarlo según sus necesidades.

    c. Sí, pero debe ser evaluada su conformidad con el reglamento para certificarlo.

    d. Todas las opciones son incorrectas.

5. En relación con los protectores auditivos, indica si las siguientes afirmaciones son verdaderas o falsas.

    a. Están destinados a atenuar el sonido para disminuir los efectos perjudiciales en la salud del trabajador.

        ■ Verdadero
        ■ Falso

    b. Como protectores auditivos solo se encuentran en el mercado los tapones.

        ■ Verdadero
        ■ Falso

    c. En su elección es muy importante tener en cuenta el tipo de ruido y la atenuación acústica que proporcionen, entre otros factores.

        ■ Verdadero
        ■ Falso

    d. Según su funcionamiento se pueden diferenciar en pasivos y complementarios.

        ■ Verdadero
        ■ Falso

Protección respiratoria

Contenido

Objetivos

El objetivo general de esta Unidad de Aprendizaje es:

→ Analizar los diferentes EPI utilizados para la protección de las vías respiratorias.

Los objetivos específicos de esta Unidad de Aprendizaje son:

→ Describir los elementos de protección respiratoria utilizados como EPI.

→ Exponer una selección de los equipos de protección individual para las vías respiratorias.

→ Explicar el uso correcto de los equipos de protección individual para las vías respiratorias.

→ Incidir en la importancia del mantenimiento de los equipos de protección individual para las vías respiratorias.

1. Introducción

Existen trabajos en los que es necesario utilizar equipos de protección individual destinados a proteger las vías respiratorias de la persona trabajadora, ya que existen unos riesgos que tienen que ser mitigados o eliminados con estos. Este es el caso, por ejemplo, de los riesgos químicos de polvos, aerosoles, niebla, humos, fibras, nanomateriales, vapores, gases y agentes biológicos.

Los sectores donde más se utiliza este tipo de EPI son en la industria extractiva, la metalurgia y la madera, la farmacéutica, servicio sanitario y la construcción de edificios, entre otros.

A continuación, se van a ver en detalle los EPI utilizados para proteger a las personas trabajadoras expuestas a este tipo de riesgo.

Roberto y Ana, en la elaboración de su protocolo de prevención de riesgos laborales, deben incorporar los EPI para las vías respiratorias, ya que hay algunos puestos de trabajo en los cuales son necesarios.

2. Descripción de los equipos de protección respiratoria

☞ HILO CONDUCTOR

En la empresa de construcción de Roberto y Ana hay diferentes puestos de trabajo que necesitan este tipo de EPI: el personal de la hormigonera o cuando se comienzan los trabajos de tratamiento de superficies (pintura, barnizado, etc.). Es muy importante identificar correctamente el riesgo para elegir el EPI más adecuado.

- -

Los **equipos de protección respiratoria** utilizados para la protección individual en el trabajo están destinados a bloquear el paso de cualquier tipo de contaminante a las vías respiratorias. Se pueden clasificar en dos **tipos** principales:

◐ **Equipos filtrantes.** Tienen como objetivo purificar el aire ambiental mediante filtros o material filtrante que retienen los contaminantes. Se componen de dos elementos principales:

  ◉ Filtro o material filtrante para purificar el aire.
  ◉ Pieza facial para orientar el aire purificado hacia nariz y boca del usuario.

  Según sea el contaminante que retenga, se clasifican para protección frente a:

  ◉ Gases y vapores orgánicos e inorgánicos
  ◉ Dióxido de azufre y otros gases ácidos
  ◉ Amoniaco y derivados orgánicos del amoniaco
  ◉ Partículas
  ◉ Vapores de mercurio
  ◉ Óxidos de nitrógeno
  ◉ Gases específicos (determinados por el fabricante)

◐ **Equipos aislantes.** Su objetivo es suministrar aire respirable con origen en una fuente externa no contaminada e independiente del entorno contaminado. Se componen de una pieza facial y un suministro de aire o gas respirable no contaminado.
  Según sea la fuente de aire o gas respirable se clasifican en:

  ◉ **Equipos de aire fresco:** tienen el extremo de la manguera de suministro de aire ubicado fuera de la atmósfera contaminada.
  ◉ **Equipos de línea de aire comprimido:** el suministro de aire se realiza mediante una fuente de aire comprimido limpio y respirable.
  ◉ **Equipos autónomos:** son botellas a presión llevadas por el mismo usuario del equipo.

---

3. Selección de los equipos de protección respiratoria

 **HILO CONDUCTOR**

A Roberto y a Ana les queda un arduo trabajo de búsqueda del equipo de protección respiratoria porque existe una amplia gama, desde las simples mascarillas

Continúa en página siguiente >>

<< Viene de página anterior

a las máscaras completas o casco respiratorio, que tienen que adaptar al tipo de riesgo y a las características del usuario. En este caso, dos de ellos llevan una barba bastante abundante.

Existen diferentes tipos de protectores de las vías respiratorias certificados, **regulados según normativa:**

Norma EN 136
- Máscaras completas. Es un elemento que se adapta a la cara del trabajador cubriendo todo el rostro (ojos, nariz, boca y barbilla). Además, permite que se comunique con los compañeros. Posee unos conectores que permiten el paso del aire y la salida por válvulas de exhalación.

Norma EN 140
- Semimáscaras y cuartos de máscara. Cubren solo la nariz, boca y barbilla. El aire en este caso llega directamente al trabajador y el exhalado se realiza por una o varias válvulas de exhalación.

Norma EN 405
- Mascarillas filtrantes. Son medias máscaras filtrantes con válvulas y filtros frente a vapores, gases o una combinación. Cubre nariz, boca y barbilla. Con válvulas de inhalación y exhalación.
- Estas mascarillas se clasifican en diferentes tipos según los contaminantes de los que protege y de la capacidad de protección al usuario.

Norma EN 149
- Mascarillas autofiltrantes. Filtran contra partículas y pueden reutilizarse o no (de un solo uso). Es una media máscara que cubre nariz, boca y barbilla y puede disponer de válvulas de exhalación y de material filtrante o constituir una parte indivisible del equipo. Protege frente a los aerosoles sólidos y líquidos.

Máscara completa según la norma EN 136

En el caso de necesitar **filtros,** se pueden encontrar en el mercado los siguientes EPI:

- **Contra partículas. Norma EN 143.** Los filtros contra partículas se clasifican según la capacidad de proteger al usuario de las partículas presentes en el ambiente. Por ello, se establecen las categorías de menor a mayor eficacia:

  - **P1/FFP1:** frente a partículas no tóxicas (polvo de cemento, harina, grafito...)
  - **P1/FFP2:** frente a partículas nocivas (madera blanda no tratada, molienda, corte de soldadura, fibra de vidrio...)
  - **P1/FFP3:** frente a partículas tóxicas/venenosas y patógenos bacterianos o víricos y frente a hormonas (productos biológicos, amianto, pesticida en polvo, plomo...)

  Y también si son no reutilizables o de un solo turno de trabajo (marcado con NR) y reutilizable en más de un turno de trabajo (marcado con R).

- **Contra gases y combinados. Norma EN 14387.** Con filtros contra gases y combinados, el aire pasa a través del filtro y llega al interior del adaptador facial el aire limpio, sin gases, vapores ni partículas.
  Estos filtros tienen varias clasificaciones según:

  - **El tipo de contaminante que retienen:** van identificados con un color y con una letra:

    - A (marrón): gases y vapores orgánicos con punto de ebullición a > 65 °C
    - AX (marrón): gases y vapores orgánicos con punto de ebullición a < 65 °C
    - B (gris): gases y vapores inorgánicos
    - E (amarillo): dióxido de azufre y ciertos gases y vapores ácidos
    - K (verde): amoniaco y ciertos derivados aminados
    - Hg (rojo-blanco): vapores de mercurio
    - NO (azul-blanco): vapores de óxido de nitrógeno
    - SX (violeta, violeta-blanco): sustancias específicas indicadas por el fabricante
    - P (blanco): partículas

  - **Clase de absorción de los filtros para gases:**

    - Clase 1. Baja capacidad. Concentración del contaminante > a 0,1 % o 1.000 ppm*

⇕ Clase 2. Capacidad media. Concentración del contaminante > a 0,5 % o 5.000 ppm

⇕ Clase 3. Alta capacidad. Concentración del contaminante > a 1 % o 10.000 ppm

*ppm: concentración en partes por millón

IMPORTANTE

Hay usuarios con vello facial, cicatrices o forma facial, que pueden hacer que se vea afectado el ajuste del EPI y, por lo tanto, su hermeticidad.

---

4. Uso de los equipos de protección respiratoria

☞ HILO CONDUCTOR

Uno de los trabajadores de la empresa ha llegado al departamento de Roberto y Ana con mucha tos e irritación de las mucosas después de estar elaborando el cemento. Le preguntan primero si ha utilizado en todo momento su máscara para protegerse y demuestra que sí. Sin embargo, no han tenido en cuenta que el casco que estaba utilizando no era compatible con la máscara, de ahí el error y la consecuencia. Había cogido uno cualquiera. Le recuerdan que hay que considerar con mucho cuidado la compatibilidad de los diferentes EPI para no perder su eficacia.

Recomendaciones de uso:

➲ Evitar el uso de equipos filtrantes en ambientes con deficiencia de oxígeno (espacio confinado, por ejemplo) si no se garantiza la suficiente aportación de aire.

➲ Lo mismo que lo anterior, si se desconocen los tipos o concentraciones de los contaminantes o cuando la concentración suponga un peligro inmediato para la vida o salud.

➲ A los adaptadores faciales se les debe acoplar un filtro o más de uno, por lo que nunca se deben emplear filtros diseñados para usarse en adaptadores faciales de más de un filtro en adaptadores de un solo filtro, y, en el caso del recambio de filtros en los adaptadores para más de un filtro, hay que recambiar los dos al mismo tiempo.

- El equipo de protección de riesgo no debe ser fuente de riesgos (en el caso de atmósfera potencialmente explosiva).
- Con equipos que dispongan de manguera para el aporte de aire, siempre se tienen que usar con el tipo y longitud de manguera con las que el equipo se haya puesto en el mercado.
- Cuando tenga que usarse durante un tiempo continuado y la tarea provoque incomodidad, debe contemplarse la disminución del tiempo, aumentar el número y duración de los periodos de descanso o utilizar otro tipo de equipo. Nunca hay que quitarse la protección mientras exista riesgo.
- El tiempo de uso de cada equipo y su sustitución para garantizar en todo momento sus características protectoras lo establece el empresario según la evaluación de los riesgos.

 APLICACIÓN PRÁCTICA

Marta necesita identificar el tipo de EPI que está utilizando una trabajadora para saber si lo está usando de la manera correcta y en el ámbito correcto.

Observa la imagen de la trabajadora y ayuda a Marta a identificar el EPI que está usando.

Continúa en página siguiente >>

<< Viene de página anterior

Solución

Lo que se puede observar principalmente es que se trata de una máscara completa y lo que la hace particular es la banda de color marrón en los filtros laterales. Esta banda indica que se trata de una máscara de protección contra gases y vapores orgánicos, sin embargo, las hay de dos tipos, dependiendo el punto de ebullición de estos gases (> o < de 65 °C). Habría que fijarse en la letra que aparece, si es A o AX. En este caso es A, por lo que es específica para gases o vapores con el punto de ebullición < 65 °C.

---

5. Mantenimiento de los equipos de protección respiratoria

☞ HILO CONDUCTOR

Ha entrado personal nuevo en la empresa y hay que formarlos en prevención de riesgos laborales y en el uso de los EPI. Un apartado muy importante es el mantenimiento de los equipos de protección. En una sesión práctica, Ana muestra cómo limpiar la pantalla con un producto cualquiera de limpieza y se puede observar cómo irrita los ojos del usuario.

En el mantenimiento de los equipos de protección hay que diferenciar entre:

Mantenimiento de las máscaras y mascarillas, donde:
- Los productos de limpieza y desinfección deben ser los recomendados por el fabricante.
- No modificar ni alterar válvulas, arnés o pantallas de los equipos.
- En caso de tener válvulas, mantenerlas en condiciones óptimas, pero que no pierdan la eficacia.

Mantenimiento de los filtros:
- Cada fabricante establece su tiempo de duración, que hay que cumplir, ya que se vería afectada la eficacia.
- Distinguir aquellos que son reutilizables de los que no.

 **TAREA 2**

Existe una amplia gama de equipos de protección respiratoria dependiendo de los riesgos a los que se enfrenta el personal trabajador.

Marta es técnica en prevención de riesgos laborales. Según los riesgos siguientes, ayuda a Marta a elegir el equipo más adecuado:

- Riesgo 1. Fabricación de un casco de barco de fibra de vidrio.
- Riesgo 2. Laboratorio de investigación de agentes biológicos.
- Riesgo 3. Buzo profesional en tareas de reparación de tuberías subacuáticas.
- Riesgo 4. Limpieza de un tanque de gasoil de un barco mercante.

6. Resumen

Las vías respiratorias son una zona muy sensible en la que se puede producir una afección a corto, medio o largo plazo si no se ponen las medidas de protección adecuadas. En trabajos en los cuales las personas trabajadoras están expuestas a gases, vapores, partículas nocivas, agentes biológicos, etc., se hace necesario la utilización de EPI como los que a continuación se esquematizan:

Equipos filtrantes			
Máscaras completas Norma EN 136	Semimáscaras / cuartos de máscara Norma EN 140	Mascarillas filtrantes Norma En 405	Mascarillas autofiltrantes Norma EN 149
Filtros Norma En 143 (contra partículas)		- FFP1 - FFP2 - FFP3	- NR: no reutilizable o un turno de trabajo - R: reutilizable y más de un turno

Continúa en página siguiente >>

< < Viene de página anterior

Equipos filtrantes			
Máscaras completas Norma EN 136	Semimáscaras / cuartos de máscara Norma EN 140	Mascarillas filtrantes Norma En 405	Mascarillas autofiltrantes Norma EN 149
Filtros Norma 1438 (contra gases y combinados)		- Marrón (A/AX) - Gris (B) - Amarillo (E) - Verde (K) - Rojo-Blanco (Hg) - Azul-blanco (NO) - Violeta/violeta-blanco (SX) - Blanco (P)	- Clase 1: baja capacidad. - Clase 2: capacidad media. - Clase 3: alta capacidad.
Equipos aislantes			
Equipos de aire fresco. Equipos de línea de aire comprimido. Equipos autónomos.			

Ejercicios de autoevaluación
Unidad de Aprendizaje 2

1. Indica si las siguientes afirmaciones son verdaderas o falsas.

a. En el uso de equipos de protección respiratoria, el equipo de protección de riesgo no debe ser fuente de riesgos.

- ■ Verdadero
- ■ Falso

b. Se puede prescindir del equipo de protección si la persona trabajadora se siente agobiada.

- ■ Verdadero
- ■ Falso

c. El tiempo de uso y de sustitución de cada equipo lo establece el empresario según la evaluación de los riesgos.

- ■ Verdadero
- ■ Falso

d. En adaptadores faciales con dos filtros, si necesito cambiar solo uno, únicamente cambio ese, el otro no es necesario.

- ■ Verdadero
- ■ Falso

2. Los filtros empleados en los adaptadores faciales contra partículas...

a. ... se acogen a la normativa EN 143.
b. ... se pueden categorizar de mayor a menor eficacia.
c. ... se pueden categorizar si son reutilizables o no.
d. Todas las opciones son correctas.

3. Un filtro contra partículas FFP1:

a. Protege frente a partículas no tóxicas, como el cemento, la harina, etc.
b. Se puede reutilizar.

    c. Protege frente a partículas nocivas.

    d. Todas las opciones son correctas.

4. En relación con los protectores respiratorios, indica si las siguientes afirmaciones son verdaderas o falsas.

    a. Las máscaras completas se adaptan a la cara del trabajador cubriendo todo el rostro.

- ◼ Verdadero
- ◼ Falso

    b. Las mascarillas filtrantes son medias máscaras filtrantes con válvulas y filtros frente a vapores, gases o combinados.

- ◼ Verdadero
- ◼ Falso

    c. Las mascarillas autofiltrantes se utilizan para proteger de los gases contaminantes.

- ◼ Verdadero
- ◼ Falso

    d. Las mascarillas filtrantes se acogen a la normativa EN 136.

- ◼ Verdadero
- ◼ Falso

5. En el caso de tener que utilizar un filtro en un protector respiratorio frente a vapores de mercurio, el color y la letra que aparecería en el filtro sería:

    a. Violeta blanco y las letras SX

    b. Rojo-blanco y las letras Hg

    c. Gris y la letra B

    d. Todas las opciones son incorrectas.

Protección de extremidades

Contenido

Objetivos

El objetivo general de esta Unidad de Aprendizaje es:

→ Conocer los diferentes EPI utilizados para la protección de las extremidades.

Los objetivos específicos de esta Unidad de Aprendizaje son:

→ Describir los elementos de protección de las extremidades utilizados como EPI.

→ Exponer una selección de los equipos de protección individual para las extremidades.

→ Explicar el uso correcto de los equipos de protección individual para las extremidades.

→ Incidir en la importancia del mantenimiento de los equipos de protección individual para las extremidades.

1. Introducción

Las extremidades, tanto las superiores como las inferiores, son las que realizan prácticamente el trabajo: los brazos y manos, ejecutándolo, y las piernas como el sostén del cuerpo y expuestas a un peligro. De ahí la importancia del uso de los equipos adecuados de protección para que estas partes no sufran ningún accidente, en el caso de que sea necesario.

A continuación, se van a ver en detalle los EPI utilizados para proteger a las personas trabajadoras expuestas a este tipo de riesgo.

En la empresa de Roberto y Ana los zapatos de protección son importantes en cualquier puesto de trabajo, y los guantes, aunque no lo son en todos, se hacen esenciales en algunos de ellos. Elegir el tipo de calzado y de guantes es una tarea complicada porque existen de diferentes materiales y tipos. Ellos están investigando los nuevos EPI que han salido al mercado últimamente para así poder revisar su presupuesto y adquirirlos.

2. Descripción de los guantes de protección

 HILO CONDUCTOR

Ante la amplia gama de guantes certificados que existen en el mercado, Roberto y Ana han decidido, por un lado, solicitar información adicional a los fabricantes y la posibilidad del envío de muestras porque quieren contar con la participación de sus empleados para la elección del mejor modelo de guante, según sea la comodidad a la hora de realizar la tarea encomendada.

Los guantes de protección tienen el objetivo de evitar los posibles daños en las manos del personal trabajador, por diferentes **riesgos:**

Riesgos mecánicos
- Utilizados en trabajos de manejo de cargas, protegen de lesiones como cortes, arañazos, golpes por impacto, manipulación de materiales u otros objetos cortantes, con aristas, o el uso de herramientas y máquinas.

Continúa en página siguiente >>

<< Viene de página anterior

Riesgos químicos
- Ya sea para proteger por manipulación, aplicación o manipulación de piezas impregnadas de productos químicos o continuados de agua. Los daños que se pueden producir en este caso son los siguientes: irritación, corrosión, quemaduras químicas, dermatitis, sensibilizaciones y cáncer.

Riesgos térmicos
- Se usan para proteger de quemaduras por calor (piezas incandescentes o calientes) o por el frío (superficies congeladas o en condiciones ambientales extremas).

Riesgos eléctricos
- Se usan para proteger del contacto eléctrico. Son guantes aislantes.

3. Selección de los guantes de protección

 HILO CONDUCTOR

En el momento de la elección de los guantes adecuados a cada puesto de trabajo, Roberto y Ana tienen que tener en cuenta la normativa aplicada, como es la norma UNE-EN ISO 21420:2020 (actualización de la norma EN 420) sobre los guantes de protección. Sin embargo, se dan cuenta de que, en el caso de los riesgos químicos que tienen en su empresa (barniz, pintura, cemento, etc.), deben utilizarla junto con la norma específica del riesgo en concreto.

Existen diferentes **categorías** de guantes homologados según la normativa anterior. Dependiendo del **nivel del riesgo** del que protegen:

Categoría I - Riesgos mínimos, como limpieza en general. Los fabricantes son los que pueden realizar las pruebas de homologación.

Continúa en página siguiente >>

<< Viene de página anterior

Categoría II	- Riesgos intermedios, como manipulación en general frente a cortes, pinchazos o abrasión. Se someten a pruebas independientes y tienen que ser certificados por un organismo independiente a la empresa fabricante.

Categoría III	- Riesgos mortales o irreversibles, como los químicos o eléctricos. Testeados y certificados también por un organismo independiente al fabricante.

Dentro de estas categorías se podrán elegir los **tipos de guantes** que existen en el mercado:

⮕ **Guantes de protección contra riesgos mecánicos.** En este caso la normativa aplicable es:

- Norma UNE-EN ISO 21420:2020. Guantes de protección. Requisitos generales.
- UNE-EN 388:2016+A1:2018. Guantes de protección contra riesgos mecánicos.

Al menos deben ofrecer un nivel de prestación 1 para alguna de las propiedades de abrasión, corte, rasgado y perforación o nivel de prestación A en resistencia al corte TDM según UNE-EN ISO 13997:2000.

⮕ **Guantes de protección contra riesgos químicos.** En este caso la normativa aplicable es:

- Norma UNE EN ISO 21420:2020. Guantes de protección. Requisitos generales.
- UNE-EN 16523-1:2015+A1:2018. Determinación de la resistencia a la permeabilidad de los productos químicos: permeabilidad por productos químicos diluidos en condiciones de contacto continuo.
- UNE-EN ISO 374-1:2016/A1:2018. Guantes de protección contra los productos químicos y los microorganismos. Terminología y requisitos de prestaciones para riesgos químicos.
- UNE-EN ISO 374-2:2020. Determinación de la resistencia a la penetración.
- UNE-EN ISO 374-4:2019. Determinación de la resistencia a la degradación por productos químicos.
- UNE-EN ISO 374-5:2016. Terminología y requisitos de prestaciones para riesgos por microorganismos.

⮞ **Guantes de protección contra riesgos térmicos.** Es muy importante tener en cuenta las tallas de los guantes, pero, en el caso particular de guantes con nivel de protección 3 o 4, tienen que estar diseñados para que puedan quitarse fácilmente en caso de una emergencia.
Por otro lado, deben presentar protección frente a riesgos mecánicos y alcanzar un nivel 1 en las pruebas de abrasión y rasgado según norma UNE-EN ISO 388.

⮞ **Guantes de protección contra riesgos eléctricos.** Su objetivo es proteger el cuerpo humano del paso de la corriente eléctrica en el caso de contacto con un elemento conductor.
En el caso de incorporar también protección mecánica se llaman *guantes compuestos,* y, si, además, prolongan la protección por todo el brazo hasta la axila, se llaman *guantes largos compuestos.*

4. Uso y mantenimiento de los guantes de protección

👉 **HILO CONDUCTOR**

Roberto y Ana tienen que diseñar un pictograma con las normas que seguir antes de ponerse los guantes y qué hacer para quitárselos, ya que estos pasos son esenciales para su correcta utilización. Hay veces que la retirada no se hace de forma correcta y al final se acaba haciendo el daño que se trató de evitar. Una vez diseñado, hay que formar al personal.

En la utilización y mantenimiento de los guantes es muy importante tener en cuenta:

⮞ Que el usuario no es alérgico o está sensibilizado por el material (látex o DMF).

⮞ Seleccionar con mucho cuidado la protección frente a productos químicos (datos aportados por el fabricante).

⮞ Los guantes contra microorganismos normalmente lo son contra bacterias y hongos; si también lo son contra virus, aparecerá en el pictograma la palabra *virus.*

⮞ Revisar exhaustivamente la información aportada por el fabricante en las instrucciones.

◒ Antes del primer uso importante se debe realizar una revisión visual del guante para ver si tiene defectos a simple vista.

◒ Usar los guantes con las manos secas y limpias.

◒ Limpiar los guantes o aclararlos antes de retirarlos.

◒ Asegurarse antes de ponerse un guante que está seco.

 ## ACTIVIDAD COMPLEMENTARIA

2. Realiza un programa formativo para una jornada de información y formación al personal trabajador sobre el uso de guantes y calzado de protección en vuestra empresa.

5. Descripción de los protectores de pies y piernas

 ## HILO CONDUCTOR

A la hora de seleccionar los equipos de protección para los pies, Roberto y Ana se han visto un poco desbordados, ya que todos los trabajadores requieren este tipo de protección. Se plantean si comprarles a todos el mismo tipo de zapatos o ser más meticulosos y para cada puesto estudiar el tipo de calzado necesario.

Los protectores de los pies y piernas tienen como objetivo proteger frente a daños producidos en los pies, empeines, rodillas, etc. Estos son los **tipos de calzado** según los **riesgos** a los que están sometidos:

◒ **Calzado contra riesgos mecánicos:**

◓ Golpes en el talón

◓ Golpes en el metatarso

◓ Caídas por deslizamiento

◓ Impacto por caída de objetivos, compresión o golpes en la zona delantera

◑ Pisar sobre objetos cortantes, punzantes, etc.
◑ Impacto por caídas de objetos o golpes en la zona del tobillo

⊃ **Calzado contra riesgos térmicos:**

◑ Calor
◑ Frío
◑ Quemaduras por proyección de metal fundido
◑ Calor por contacto

⊃ **Calzado contra riesgos químicos:**

◑ Irritantes o abrasivos

⊃ **Calzado contra riesgos eléctricos:**

◑ Choque o descarga electrostática

Además, la **protección de pies y piernas** puede clasificarse en función de:

Parte de la pierna que cubre
- Altura de la caña.
- Zapato, bota baja o tobillera, bota media caña, bota alta y extralarga.

Según material de fabricación
- Cuero y otros materiales (clasificación I).
- Caucho o de otro material polimérico (clasificación II).

Según la protección frente al impacto y compresión de la zona delantera
- Calzado de seguridad y de protección: protegen los dedos; siendo el de seguridad de mayor nivel de protección que el de protección (200 J de nivel de energía y 15 kN de compresión de carga y 100 J de nivel de energía y 10 kN de compresión de carga, respectivamente). La simbología que aparecería en cada tipo sería SB (seguridad) y PB (protección).
- Calzado de trabajo: no garantiza protección de los dedos. Se simboliza como OB.

SABÍAS QUE...

Las principales innovaciones para el calzado de seguridad y protección van orientadas a que las condiciones ergonómicas permitan una mayor comodidad

Continúa en página siguiente >>

<< Viene de página anterior

durante el uso. Por eso se investigan diseños con hormas anchas y cómodas, suelas flexibles y ligeras, mejoras en la estabilidad y sistemas y materiales que mejoren la transpiración.

6. Selección de los protectores de pies y piernas

☞ HILO CONDUCTOR

Ante la duda de elegir el mismo calzado para todo el personal laboral o no al final, Roberto y Ana decidieron que lo correcto sería evaluar los riesgos de cada puesto de trabajo y, una vez identificados, cubrirlos, y elegir el calzado y guantes adecuados a cada uno de ellos, porque, si la elección no es la correcta, tanto extremidades como espalda pueden verse perjudicadas. Así que se ponen manos a la obra.

Para elegir correctamente un buen calzado de seguridad habría que tener en cuenta:

- ⤳ Que sea adecuado para las condiciones del lugar de trabajo.
- ⤳ Que esté marcado con el marcado CE y los símbolos adecuados a los riesgos para los que ofrece protección.
- ⤳ La diversidad de formas y tallas.
- ⤳ Diseño ergonómico, buscando siempre la máxima protección sin olvidar la rigidez de la suela, la permeabilidad al vapor de agua, resistencia al deslizamiento, etc.
- ⤳ Que no resbale, buscando un calzado resistente al deslizamiento. En este caso existen tres clases de requisitos sobre la resistencia al deslizamiento: SRA: suelo de cerámica con disolución jabonosa; SRB: suelo de acero con glicerina, y SRC: suelo de cerámica con disolución jabonosa y suelo de acero con glicerina.
- ⤳ Probar el calzado en el lugar del trabajo para comprobar la comodidad y practicidad.

Riesgo mecánico de objeto punzante

 **TAREA 3**

Existe una amplia gama de equipos de protección de manos, brazos, pies y piernas, dependiendo de los riesgos a los que se enfrenta el personal trabajador.

Manuel es el encargado del plan de prevención de riesgos de una fábrica de conservas de pescado, y necesita seleccionar los EPI adecuados en dos puestos de trabajo de la fábrica. Ayuda a Manuel a elegir el más adecuado:

- Puesto de trabajo 1. Sala de descabezado de pescado.
- Puesto de trabajo 2. Salas de congelación y descongelación de pescado.

----

7. Uso y mantenimiento de los protectores de pies y piernas

👉 **HILO CONDUCTOR**

Llega el momento de la formación al personal trabajador para que usen correctamente el calzado de seguridad que se les ha proporcionado. Ana les explica los riesgos de los que les va a proteger el calzado que han elegido, insistiendo en la obligatoriedad de utilizarlo y, muy importante, en cómo usarlo y mantenerlo.

Es esencial seguir las instrucciones del fabricante en el manual de instrucciones, pero de forma general es recomendable:

> Si el usuario necesita plantillas ortopédicas, hay que garantizar que no se modifica el nivel de protección ofrecido por el calzado.

> Antes del uso, el usuario tiene que revisar que el calzado no presenta deficiencias. No se debe utilizar en el caso de desgaste.

> Limpieza periódica.

> Secar cuando haya humedad, pero nunca cerca de una fuente de calor que lo deteriore.

> Extraer la plantilla del calzado para airearla y evitar la humedad por el sudor.

Calzado de protección deteriorado por la plantilla

8. Resumen

Los pies, piernas, manos y brazos son de las zonas más expuestas en todos los trabajos y, en cierto modo, los elementos imprescindibles para realizar las tareas. Es por ello que no se puede descuidar su protección.

Protección de manos y brazos GUANTES	
Riesgo mecánico	- Manejo de cargas - Cortes, arañazos - Golpes por impacto - Manipulación de materiales cortantes - Uso de herramientas y máquinas
Riesgo químico	- Irritación (H315) - Corrosión - Quemaduras químicas (H314) - Dermatitis o alergia (H317) - Sensibilizaciones, sequedad (EUH066) - Cáncer (H350)
Riesgo térmico	- Quemaduras por calor (piezas incandescentes o calientes) - Quemaduras por frío (superficies congeladas o condiciones ambientales extremas)
Riesgo eléctrico	- Contacto eléctrico

Clasificaciones	- CATEGORÍA I
	  - Riesgo mínimo (limpieza sin productos abrasivos)
	- CATEGORÍA II
	  - Riesgos intermedios (manipulación)
	- CATEGORÍA III
	  - Riesgos mortales o irreversibles (químicos o eléctricos)

Protección de pies y piernas CALZADO	
Riesgo mecánico	- Golpes en talón, metatarso o tobillo - Caídas por deslizamiento - Impacto por caída, objetos, compresión o golpes en dedos - Pisar objetos cortantes / punzantes
Riesgo químico	- Irritantes o abrasivos
Riesgo térmico	- Calor - Frío extremo - Quemaduras por proyección metal fundido - Calor por contacto
Riesgo eléctrico	- Choque o carga electrostática

Clasificaciones	Según parte de la pierna cubierta (altura de la caña)
	Según material de fabricación:
	- CATEGORÍA I
	  - Cuero y otros materiales similares
	- CATEGORÍA II
	  - Caucho / polímero
	  - Según protección frente al impacto y compresión delantera:
	  - Calzado de seguridad (símbolo SB) y de protección (símbolo PB) (protección de los dedos)
	  - Calzado de trabajo (no protege los dedos) (símbolo OB)

Ejercicios de autoevaluación
Unidad de Aprendizaje 3

1. **Los guantes y el calzado de protección aseguran al personal trabajador frente a...**

   a. ... riesgos mecánicos.
   b. ... riesgos químicos.
   c. ... riesgos eléctricos.
   d. Todas las opciones son correctas.

2. **Indica si las siguientes afirmaciones son verdaderas o falsas en relación con los guantes de protección individual.**

   a. Los de la categoría I son aquellos que se utilizan frente a riesgos mortales o irreversibles.

   - ■ Verdadero
   - ■ Falso

   b. Los de la categoría II son aquellos que se utilizan frente a riesgos intermedios.

   - ■ Verdadero
   - ■ Falso

   c. Los de la categoría III son aquellos que se utilizan frente a riesgos mortales o irreversibles.

   - ■ Verdadero
   - ■ Falso

   d. Los de la categoría III se simbolizan con CEXXXX CAT.III, siendo la XXXX la identificación del organismo independiente certificador.

   - ■ Verdadero
   - ■ Falso

3. **En la selección de los protectores de pies y piernas…**

   a. … hay que tener en cuenta la parte de pierna que cubre, el material de protección y la zona de protección frente al impacto y compresión de la zona delantera.
   b. … no hay que tener en cuenta la ergonomía ni la morfología del trabajador.
   c. … solo hay que tener en cuenta la resistencia al desplazamiento.
   d. Todas las opciones son correctas.

4. **Si tenemos en cuenta el calzado elegido frente al impacto y la compresión de la zona delantera…**

   a. … el calzado de seguridad no garantiza la protección de los dedos.
   b. … el calzado de protección tiene un nivel de protección algo menor que el de seguridad.
   c. … el calzado de trabajo es el que tiene mayor nivel de protección de los dedos.
   d. Todas las opciones son incorrectas.

5. **Indica si las siguientes afirmaciones en relación con el mantenimiento de guantes y calzado son verdaderas o falsas.**

   a. Se deberá revisar el equipo siempre antes del uso para ver que no presenta deficiencias.

      ■ Verdadero
      ■ Falso

   b. La limpieza de los equipos tiene que ser de forma periódica para evitar el deterioro.

      ■ Verdadero
      ■ Falso

   c. En el caso del calzado, no es necesario sacar a secar la plantilla en caso de sudor.

      ■ Verdadero
      ■ Falso

d. En el caso de los guantes, hay que mojarse las manos antes de ponérselos para facilitar su colocación.

- ■ Verdadero
- ■ Falso

Vestuario de protección

Contenido

Objetivos

El objetivo general de esta Unidad de Aprendizaje es:

→ Exponer los diferentes EPI utilizados como vestuario de protección.

Los objetivos específicos de esta Unidad de Aprendizaje son:

→ Describir el vestuario de protección utilizado como EPI.

→ Exponer una selección del vestuario utilizado como protección.

→ Explicar el uso correcto del vestuario de protección.

→ Incidir en la importancia del mantenimiento del vestuario de protección.

→ Conocer la documentación técnica que debe tener un vestuario de protección.

1. Introducción

Dentro de la normativa aplicable a los equipos de protección individual, como lo es la Ley de Prevención de Riesgos Laborales (Ley 31/1995, de 8 de noviembre), se incluye como protección la ropa o vestuario con el objetivo de proteger el cuerpo (tronco, brazos y piernas) ante los riesgos inherentes a la realización de un trabajo (contacto o absorción dérmica de sustancias peligrosas, quemaduras, cortes, pinchazos, etc.).

Hay que tener en cuenta que la ropa de trabajo y los uniformes que no estén destinados a proteger la salud o físicamente al trabajador no son considerados como un equipo de protección individual. Se consideran elementos para identificar al personal trabajador o para proteger la ropa personal.

En este caso, Roberto y Ana se plantean si realmente su personal laboral necesita vestuario de protección. A lo largo de la unidad, estudiarán la necesidad o no.

2. Descripción del vestuario de protección

 HILO CONDUCTOR

Teniendo en cuenta la normativa correspondiente al vestuario de protección, Roberto y Ana no se ponen de acuerdo respecto al uso de vestuario de protección en dos puestos de trabajo concretos: el personal de la grúa y el personal que hace el cemento. Al final acuerdan que ambos deberían llevar como ropa de protección chaleco de alta visibilidad, ya que sus trabajos no requieren una especial protección en relación con su cuerpo (ya visten los EPI necesarios para otras partes del cuerpo).

El vestuario o ropa de protección encuentra su normalización en la **norma UNE-EN ISO 13688:2013. De ropa de protección. Requisitos generales.** En dicha normativa se tratan los requisitos en cuanto designación de tallas, ergonomía, inocuidad, marcado e información que el fabricante debe aportar.

El Reglamento (UE) 2016/425 divide a los EPI en tres categorías: I, II y III; según el riesgo frente al que protegen. El vestuario de protección también se categoriza de este modo:

➲ **Categoría I.** Riesgos mínimos como:

º Lesiones mecánicas superficiales.
º Contacto con materiales de limpieza de acción débil o prolongada con agua.
º Contacto con superficies calientes a no más de 50 °C.
º Condiciones atmosféricas no extremas.

➲ **Categoría II.** Riesgos distintos a la I y a la II.
➲ **Categoría III.** Riesgos con consecuencias muy graves, como los irreversibles a la salud:

º Sustancias y mezclas peligrosas.
º Agentes biológicos nocivos.
º Radiaciones ionizantes.
º Ambientes con temperaturas de más de 100 °C.
º Ambientes con temperaturas de menos o igual a -50 °C.
º Descargas eléctricas y trabajos en tensión.
º Chorros de alta presión.
º Cortes por sierras de cadena accionadas a mano.
º Heridas de bala o arma blanca.

 **APLICACIÓN PRÁCTICA**

Miguel necesita identificar el vestuario de protección que está utilizando la persona de la imagen y la categoría a la que pertenece. Observa la imagen y ayuda a Miguel a identificar el vestuario.

Continúa en página siguiente >>

<< Viene de página anterior

Solución

Se trata de un traje compuesto por peto o pantalón y chaquetón que protege frente a temperaturas del ambiente de -20 o -25 °C, que son en las que se trabaja en cámaras congeladoras de productos cárnicos o pesqueros.

La categoría a la que pertenece, según la división del reglamento, es la II, ya que la III es vestuario de temperaturas extremas de -50 °C a -100 °C.

---

3. Selección del vestuario de protección

 HILO CONDUCTOR

Roberto y Ana, teniendo como referencia la norma UNE-EN ISO 13688:2013. Ropa de protección. Requisitos generales, estudian las características del vestuario, pero se dan cuenta de que es independiente del riesgo frente al que protejan. De modo que necesitan estudiar y aplicar la normativa específica según los riesgos que ellos han identificado.

La variedad de vestuario de protección disponible es muy amplia, pero toda debe estar certificada según el **Reglamento (UE) 2016/425** en cuanto a los materiales utilizados en la fabricación, el diseño y el marcado. A continuación se exponen algunos de esos **requisitos:**

- **Materiales.** Dependiendo del tipo de protección que ofrece, los materiales pueden ser:

  - Textiles simples o recubiertos
  - Textiles no tejidos
  - Entramados metálicos (aramidas, aluminizados, etc.)
  - Composiciones multicapas
  - Elastómeros y plásticos

  Es muy importante que los materiales elegidos no supongan un peligro para la seguridad y salud del personal trabajador, es decir, deben ser químicamente apropiados, no liberar productos tóxicos, mutagénicos, cancerígenos o alérgicos.

En términos de prestación o niveles, se define como el número que designa la categoría particular según los resultados de los ensayos realizados, de modo que un nivel de prestación alto correspondería con una mayor protección (del 0 al 6).

➲ **Diseño.** Es imprescindible un diseño de fácil colocación por el usuario y que se mantenga con su uso, según movimientos del usuario y posturas. Los diseños en el mercado pueden llegar a ser numerosos, influenciando, principalmente, por los materiales que se utilicen en su fabricación y el tipo de aplicación a los que van dirigidos. Es decir, el diseño debe garantizar que, durante su uso, ninguna zona del cuerpo va a quedar expuesta al peligro; incluso cuando se utilice con otros EPI.

En general, el vestuario de protección debe diseñarse con materiales con baja resistencia al vapor del agua, alta permeabilidad al aire o estar con suficiente ventilación para minimizar la falta de confort térmico.

➲ **Marcado.** El marcado en el vestuario aporta la información correcta para el peligro que ha sido fabricado, para la talla, etc.

Debe ir en la lengua oficial del país donde vaya a ser comercializado el vestuario, y cosido en la ropa o impreso en el propio tejido. Visible, legible y duradero, teniendo en cuenta el número previsto de proceso de limpieza.

Cada prenda de protección debe ir marcada con la siguiente información:

◊ Nombre, marca o cualquier forma de identificación del fabricante.
◊ Tipo de producto, nombre comercial o código asignado.
◊ Talla. En este caso hay un sistema establecido para las tallas independiente del fabricante, es decir, se asignan dos dimensiones de control para definir el cuerpo humano al que la prenda se adapte, según unos intervalos.

En la siguiente tabla puedes ver estas dimensiones de control:

Ropa de protección	Dimensiones de control
Chaqueta, chaquetón y chaleco	Contorno de pecho o de busto y altura
Pantalones	Contorno de cintura o cadera y altura
Traje completo (mono)	Contorno de pecho o busto y altura
Mandil	Contorno de pecho o busto, contorno de cintura y altura

Continúa en página siguiente >>

<< Viene de página anterior

Ropa de protección	Dimensiones de control
Equipo protector (rodilleras, espalderas, etc)	Seleccionar la medida relevante: - Contorno de pecho o de busto, contorno de cintura y altura - Contorno de rodilla - Peso - Distancia cintura-cintura sobre los hombros

Ropa de protección: requisitos generales. NTP 1171. INSST 2022

La variedad de **vestuario de protección** es la siguiente.

- **Contra ambientes fríos:** temperatura superior a -5 °C.
- **Contra la lluvia:** con propiedades de impermeabilidad.
- **Contra el frío:** temperaturas -50 °C y -5 °C.
- **Contra el calor y la llama:** ropa para contactos breves y ocasionales, y ropa para bomberos, actividades de soldeo, bomberos forestales, etc.
- **Contra productos químicos:** según sean líquidos, sólidos o gases.
- **Contra productos fitosanitarios.**
- **Contra agentes biológicos:** muy ligada a la protección química.
- **Contra contaminación radiactiva:** protegen el cuerpo y sistema respiratorio. No protegen contra la radiación ionizante ni contra la contaminación a pacientes en aplicaciones diagnósticas o terapéuticas.
- **Contra sierras de cadena accionadas a mano.**
- **Contra cortes y pinchazos con cuchillos manuales:** son críticas las dimensiones de la zona de protección frente a estos riesgos.
- **Contra atrapamiento con elementos en movimiento.**
- **Electrostáticamente disipativa.**
- **Alta visibilidad:** hacer visible al usuario con cualquier tipo de luz.
- **Rodilleras:** para trabajos en posición arrodillada. Pueden estar incorporadas o unidas a los pantalones.

4. Uso y mantenimiento del vestuario de protección

☞ HILO CONDUCTOR

A Roberto le ha llegado la información de que hay trabajadores que se llevan a casa su ropa de trabajo para lavarla y en la formación se les dijo que no podían hacerlo, que la empresa se encargaba de ello. Más que nada porque tienen que asegurarse de que se cumplen con las instrucciones del fabricante.

- -

Como cualquier equipo de protección, tanto para el uso como el mantenimiento del vestuario de protección es necesario seguir unas **recomendaciones:**

➲ Hay que respetar siempre las instrucciones del fabricante en lo relativo al uso de la ropa.

➲ Todo vestuario requiere de unas propiedades de resistencia mecánica mínima.

➲ El nivel de confort de la prenda tiene que ser compatible con el nivel de protección requerida.

➲ Evidentemente, no comprar ni utilizar vestuario que no venga con su marcado reglamentario.

➲ El vestuario no se puede intercambiar ni por un momento, cada persona trabajadora tiene que tener el suyo.

➲ No utilizar ropa de protección holgada cuando exista riesgo de atrapamiento por máquinas.

➲ La ropa debe proteger todas las zonas del cuerpo a las que va destinado, es decir, no puede ser que un trabajador se agache y su espalda quede al descubierto.

➲ El vestuario debe ser compatible con otros EPI.

➲ Aunque el trabajador se puede hacer cargo de la limpieza del vestuario en el caso de que sea posible (por ejemplo, en trabajos donde se esté expuesto a sustancias cancerígenas, la normativa prohíbe que el personal laboral se encargue de esta tarea), tiene que cumplir con lo establecido por el fabricante.

➲ Ante cualquier deterioro del vestuario hay que notificar y sustituir en caso de que sea necesario.

➲ Es muy importante formar a los usuarios de cómo almacenar ropa usada/contaminada separándola de la ropa limpia.

IMPORTANTE

La ropa de trabajo y los uniformes que no estén destinados a proteger la salud o la integridad del personal trabajador no se consideran EPI. Ni siquiera los equipos de protección de policías o militares. Estos deben legislarse de una forma más específica.

TAREA 4

Dentro de la normativa aplicable a los equipos de protección a nivel europeo (Reglamento (UE) 2016/425, de 9 de marzo de 2016, relativo a los equipos de protección individual) se incluye la documentación técnica que tendría que acompañar a un EPI y, en este caso, al vestuario de protección.

Ayuda a Roberto y a Ana a realizar una lista con toda la documentación técnica necesaria.

5. Resumen

El vestuario o ropa de protección se convierte en un elemento muy importante para proteger la salud y la seguridad del personal trabajador. Esta protección se encuadra dentro de las tres categorías establecidas por la normativa según el riesgo existente. En el siguiente esquema se pueden ver las características principales que tener en cuenta a la hora de elegir y usar un vestuario de protección:

Tipos de vestuario según categorías de riesgo		
Categoría I	**Categoría II**	**Categoría III**
- Ropa de uso profesional contra efectos atmosféricos no extremos. - Delantales de protección térmica para Tª. < 50 °C.	- Ropa de protección electrostáticamente disipativa. - Ropa de protección contra el frío. - Ropa de protección de señalización de alta visibilidad.	- Ropa de protección química. - Ropa de protección frente a motosierras. - Ropa de protección frente Tª. extremas como -50 °C. - Ropa de bomberos.

A tener en cuenta en la selección de un vestuario de protección		
Materiales	**Diseño**	**Marcado**
- Dependiendo del tipo de protección: textiles simples o recubierto, textiles no tejidos, entramados metálicos, composiciones multicapa o elastómeros y plásticos. - Prestaciones del 0 al 6 Número que designa la categoría según resultados de ensayos.	- De fácil colocación y uso. - Debe garantizar que durante su uso ninguna zona quede expuesta. - Con materiales con baja resistencia al vapor de agua, alta permeabilidad al aire con suficiente ventilación.	- Información correcta frente al peligro. - En lengua oficial de comercialización. - Con el nombre del fabricante, tipo de producto, talla, normativa específica, pictograma de la prestación y de información, marcado de cuidado de la prenda y la categoría perteneciente (I, II o III).

Ejercicios de autoevaluación
Unidad de Aprendizaje 4

1. Un vestuario de protección es...

a. ... un elemento que puede proteger frente a riesgos mecánicos.
b. ... un equipo de protección individual.
c. ... un equipo que no puede ser compartido con otro trabajador.
d. Todas las opciones son correctas.

2. Indica si las siguientes afirmaciones son verdaderas o falsas.

Un vestuario de protección:

a. Cuando protege frente a lesiones mecánicas superficiales pertenece a la categoría III.

   ■ Verdadero
   ■ Falso

b. Cuando protege frente a sustancias y mezclas peligrosas pertenece a la categoría III.

   ■ Verdadero
   ■ Falso

c. Es importante que esté diseñado con materiales que no dañen la salud del personal trabajador.

   ■ Verdadero
   ■ Falso

d. En su diseño no importa tener en cuenta la comodidad del usuario.

   ■ Verdadero
   ■ Falso

3. La función principal de un vestuario de protección es:

a. Proteger al cuerpo de ambientes fríos.
b. Proteger al cuerpo de productos químicos.

    c. Hacer visible al usuario con cualquier tipo de luz, sea de día o de noche.
    d. Todas las opciones son correctas.

4. En la utilización de un vestuario de protección es importante:

    a. Que no sea compatible con otros EPI.
    b. Que sea de una talla única para poder compartirlo en caso de necesidad.
    c. No utilizar aquella que quede holgada cuando haya riesgos de atrapamiento por máquinas.
    d. Todas las opciones son incorrectas.

5. En relación con el vestuario de protección, indica si las siguientes oraciones son verdaderas o falsas:

    a. Para un buen mantenimiento hay que tener en cuenta las instrucciones del fabricante.

        ■ Verdadero
        ■ Falso

    b. Es obligatorio que el personal trabajador se lo lleve a casa para lavarlo.

        ■ Verdadero
        ■ Falso

    c. Es importante que venga etiquetado y marcado con la información requerida según la normativa.

        ■ Verdadero
        ■ Falso

    d. La prestación de los materiales de protección se mide del 0 al 10, siendo el 10 el nivel de protección mayor.

        ■ Verdadero
        ■ Falso

Protección contra caídas

Contenido

Objetivos

El objetivo general de esta Unidad de Aprendizaje es:

→ Conocer los diferentes EPI utilizados para la protección contra caídas.

Los objetivos específicos de esta Unidad de Aprendizaje son:

→ Describir los elementos de protección contra caídas utilizados como EPI.

→ Exponer una selección de los equipos de protección individual contra caídas.

→ Explicar el correcto uso de los equipos de protección individual contra caídas.

→ Identificar los equipos de protección contra caídas.

1. Introducción

Hay trabajos que se realizan en altura, o, a veces, trabajos que requieren subirse a un andamio, escalera, etc., lo que representa un riesgo para el personal trabajador que los desarrolla.

El objetivo de un EPI empleado en un trabajo en altura no siempre es detener la caída, algunas veces es necesario limitar la zona a la que pueda acceder, trabajando en este caso en retención. Sin embargo, también hay trabajos en los que hay que proporcionar al personal trabajador un sistema que le permita posicionarse en el lugar de trabajo. Y, en otros, se hará indispensable el uso de un sistema anticaídas.

Ana y Roberto han tenido alguna experiencia previa con una trabajadora que sufrió una caída en altura, por lo que se toman muy en serio establecer las medidas correctas para evitar estas caídas, en todos los niveles.

2. Descripción de los equipos de protección contra caídas

☞ HILO CONDUCTOR

En la construcción de un edificio existe un riesgo importante de caídas, tanto al mismo nivel como en altura. Es por ello que Roberto y Ana quieren estudiar con detenimiento cada puesto de trabajo y el equipo de protección frente a las caídas más adecuado.

- -

Cualquier sistema de protección contra caídas debe componerse de dispositivos que sean compatibles entre sí, para cumplir la función para la que han sido diseñados. Con ello formarían una cadena de seguridad en la que todos los elementos tienen que funcionar de forma correcta. Estos **elementos** son:

➲ **Arnés.** Es el componente de un sistema contra caídas formado por un dispositivo de presión del cuerpo con el único objetivo de detener la caída. Es un sistema de cintas resistentes colocadas directamente sobre el cuerpo del personal trabajador con el objetivo de detener la caída en altura, y, en caso de que ocurra, poder sujetar a la persona hasta que sea rescatada.

Este arnés puede estar constituido por bandas, ajustadores, hebillas, etc., dispuestos de forma correcta sobre el cuerpo del trabajador.

La normativa de aplicación es:

- UNE-EN 361:2002. Equipos de protección individual contra caídas de altura. Arneses anticaídas.
- UNE-EN 813:2009. Equipos de protección individual contra caídas. Arneses de asiento.

- **Sistema de conexión.** Está formado por uno o más componentes (dispositivos anticaídas o absorbedores) y estos, a su vez, por otros elementos. En general, por dos conectores o mosquetones: uno para el anclaje y otro para el arnés.
En este caso, nos encontramos con los siguientes:

  - **Conectores:** suele disponer de dos mosquetones o conectores, uno para punto de anclaje y el otro para sujetar el arnés, y un elemento conector, que puede ser una cuerda torcida, *kernmantle,* cable, cadena o mixta (interior metálico y exterior textil).
  - **Componente de amarre de sujeción:** tiene un sistema de regulación de la longitud.
  - **Equipo de amarre:** doble gancho. Tiene que contener absorbedor de energía cinética.
  - **Retráctiles y doble retráctil:** poseen un tambor que recoge el elemento lineal de conexión y sistema de autobloqueo.
  - **Dispositivos deslizantes:** formados por un carro con sistema autobloqueo, que corre sobre la cuerda o cable.
  - **Cuerdas**

- **Sistema de anclaje.** Se trata de una fijación a una estructura de soporte. En ocasiones, parte de estos elementos forman parte de la propia estructura soporte de forma permanente sin opción de desmontaje, pero otras veces pueden ser desmontables y por normativa considerados EPI.
Existen diferentes tipos:

  - **TIPO A:** diseñados para conectarse de forma fija a diferentes estructuras.
  - **TIPO B:** son móviles y transportables. Pueden conectarse a cualquier estructura.
  - **TIPO C:** son sistemas de línea de vida horizontal flexible.
  - **TIPO D:** son sistemas de línea de vida rígidos (acero o aluminio).
  - **TIPO E:** punto de anclaje fijado a un peso muerto.

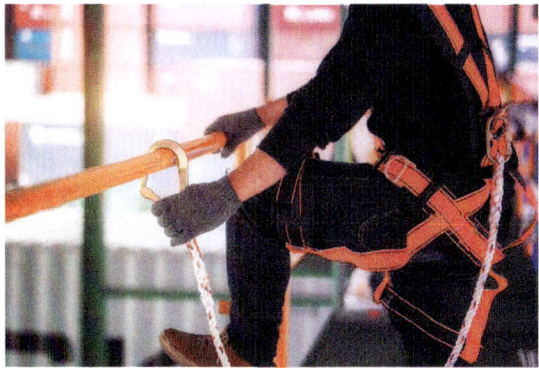

Trabajador de la construcción con arnés de seguridad y línea de seguridad trabajando en un lugar alto en la industria.

 ## SABÍAS QUE...

Según el Reglamento (UE) 2016/425 del Parlamento Europeo y del Consejo, de 9 de marzo de 2016, no se consideran EPI los sistemas de anclaje A, C y D. Solo los tipos B y E tienen esta consideración.

- -

3. Selección de los equipos de protección contra caídas

☞ HILO CONDUCTOR

Ana le ha planteado a Roberto la necesidad de estudiar bien los tipos de arneses anticaídas, ya que tienen la opción del arnés de asiento y otros de uso general. Sin embargo, ambos han estado muy de acuerdo en que en el primer caso tienen que prever un procedimiento de emergencia del rescate del personal trabajador que quedara suspendido en el arnés tras la caída.

- -

Las características de los equipos elegidos dependerán del uso previsto del sistema. Se distinguen los **tipos** siguientes:

⊃ **Sistema de retención.** Está previsto que prevenga la caída libre, no detenerla, impidiendo con ello que el usuario alcance zonas en las que existe riesgo de caídas.

⊃ **Sistema de sujeción (o de posicionamiento).** Previene la caída libre, pero no la detiene, impidiendo al usuario realizar su trabajo apoyado en tensión o suspensión.

⊃ **Sistema de acceso mediante cuerda.** Permite al usuario salir o acceder al lugar de trabajo, previniendo y deteniendo la caída libre. Para ello, se deben utilizar dos subsistemas asegurados fijados por separado a la estructura.

⊃ **Sistema anticaídas (o detención).** Diseñado para detener una caída libre y limitar la fuerza de impacto que actúa sobre el usuario. No impide la caída libre, pero limita su longitud, permitiendo la suspensión hasta el momento del rescate.

A la hora de seleccionar el mejor equipo de protección contra caídas, hay que tener en cuenta los siguientes requisitos de selección:

La idoneidad de los equipos en todas las etapas del trabajo y las características del lugar de trabajo.

Formación y competencia del trabajador.

Compatibilidad con otros componentes EPI, teniendo en cuenta sus limitaciones.

Trabajar siempre con un factor de caída igual a 0, situando el punto de anclaje por encima del trabajador para así minimizar el riesgo de caída.

A la hora de elegir un arnés (y el sistema de conexión), decidir si el trabajo se va a realizar en suspensión o con pies apoyados o si se van a necesitar otros complementos.

A la hora de elegir un sistema de conexión, todos los componentes deben ser compatibles entre sí, con el sistema de anclaje y con el arnés utilizado.

 **TAREA 5**

No es lo mismo una caída al mismo nivel o distinto nivel (por ejemplo, de un escalón) que de cierta altura, pudiendo ocasionar, en este último caso, incluso la muerte del trabajador.

Ayuda a Victoria a identificar en cada situación el tipo de caída y el equipo de protección que utilizaría. Las diferentes situaciones son las siguientes:

- Situación A. Caída en un suelo mojado.
- Situación B. Caída de un andamio de 2 metros.
- Situación C. Limpiacristales de un edificio.
- Situación D. Caída de una escalera de seis peldaños.

4. Uso de los equipos de protección contra caídas

 **HILO CONDUCTOR**

Llega el momento de la formación al personal para la utilización de los equipos de protección contra caídas. Roberto y Ana han invitado al fabricante a que asista a dicha formación como experto para la explicación de la parte práctica, tan importante en esta formación.

En el uso de los equipos de protección es muy importante tener en cuenta:

- Plan de rescate en el lugar de trabajo (personal y equipos necesarios).
- Revisiones previas al uso y periódicas regulares de los equipos.
- Al repasar las cintas y costuras, se mirará por delante y por detrás, especialmente los puntos ocultos.
- Un equipo de amarre no se puede utilizar sin un medio de absorción de energía para detener la caída.
- En el uso del arnés anticaída deben quedar claros los puntos de enganche anticaídas.

⇨ En los sistemas anticaídas es importante verificar el espacio bajo el usuario, para que, en el caso de caída, no haya colisión con el suelo u otro obstáculo.

⇨ En caso de duda del estado del material, entregar o informar al superior (principal responsable).

 ACTIVIDAD COMPLEMENTARIA

3. Realiza un programa formativo para una jornada de información y formación al personal trabajador sobre el uso de los equipos de protección contra caídas.

5. Resumen

Los riesgos de caídas están presentes en muchos puestos de trabajo, pero los más preocupantes son las caídas en altura. Por ello el empresario deberá establecer tanto medidas colectivas como medidas individuales de protección frente a este riesgo. Entre aquellos equipos individuales se encuentran:

Tipos de sistemas de protección
- Sistemas de retención: previene la caída, pero no la detiene. No alcanza zonas de riesgo.
- Sistemas de sujeción (o de posicionamiento): previene la caída, pero no la detiene.
- Sistema de acceso mediante cuerda: previene y detiene la caída libre.
- Sistema anticaídas (o detención): detiene la caída libre y limita la fuerza de impacto.

Elementos del sistema de protección
- Arnés: detener la caída.
- Sistema de conexión: une el arnés con el sistema de anclaje por dos mosquetones.
- Sistema de anclaje: fijación a una estructura de soporte.

Ejercicios de autoevaluación
Unidad de Aprendizaje 5

1. Los elementos de un equipo de protección contra caídas son:

    a. Arnés
    b. Sistema de conexión
    c. Sistema de anclaje
    d. Todas las opciones son correctas.

2. Indica si las siguientes oraciones son verdaderas o falsas en relación con los equipos de protección contra caídas:

    a. El sistema de conexión es el dispositivo de presión del cuerpo con el objetivo de detener la caída.

        ■ Verdadero
        ■ Falso

    b. El sistema de conexión está compuesto principalmente por dos conectores o mosquetones que se unen al anclaje y al arnés.

        ■ Verdadero
        ■ Falso

    c. Un sistema de conexión puede ser el retráctil y doble retráctil.

        ■ Verdadero
        ■ Falso

    d. Un sistema de anclaje consiste en una fijación a una estructura de soporte.

        ■ Verdadero
        ■ Falso

3. El Reglamento 2016/425 no considera EPI a los sistemas de anclaje:

    a. Tipo A
    b. Tipo C

    c. Tipo D

    d. Todas las opciones son correctas.

4. En la elección del equipo de protección contra caídas...

    a. ... no se tiene en cuenta la idoneidad del equipo en todas las etapas del trabajo.

    b. ... con leer la información del fabricante y proveedor es suficiente.

    c. ... no se tiene en cuenta la compatibilidad con otros EPI.

    d. Todas las opciones son incorrectas.

5. En relación con el uso de los equipos de protección contra caídas, indica si las siguientes oraciones son verdaderas o falsas.

    a. Es necesario también tener un plan de rescate en el lugar del trabajo en caso de caída.

        ■ Verdadero
        ■ Falso

    b. En los sistemas anticaídas es importante verificar el espacio bajo el usuario.

        ■ Verdadero
        ■ Falso

    c. Si durante la revisión del material este está defectuoso, el usuario debe utilizarlo y no notificar a un superior.

        ■ Verdadero
        ■ Falso

    d. No es necesario realizar revisiones previas al uso del material.

        ■ Verdadero
        ■ Falso

Tipos de protección asociados al sector

Contenido

Objetivos

El objetivo general de esta Unidad de Aprendizaje es:

→ Conocer los diferentes tipos de protección asociados a sectores muy específicos.

Los objetivos específicos de esta Unidad de Aprendizaje son:

→ Describir los elementos de protección asociados a diferentes sectores específicos.

→ Exponer una selección de los equipos de protección individual asociados a diferentes sectores específicos.

→ Identificar cada EPI con el sector específico.

1. Introducción

En los capítulos anteriores se han explicado los tipos de equipos de protección individual a nivel general en cuanto a la protección de la cabeza, cuerpo, extremidades, trabajos en altura, etc. Sin embargo, existen sectores profesionales, e incluso dentro de estos mismos, donde la selección del EPI hay que realizarla conforme a otra normativa más específica relacionada, bien con el tipo de tarea, bien por el tipo de riesgo frente al que protegen. Este es el caso, por ejemplo, del trabajo de las fuerzas de seguridad del Estado o del sector de la sanidad.

Ana y Roberto están acostumbrados a realizar los planes de prevención de riesgos de empresas de sectores variados, pero se plantean especializarse en otros más específicos como el de la sanidad.

2. Exenciones en la definición de EPI en sectores específicos

 **HILO CONDUCTOR**

Antes de comenzar su andadura en la gestión de los planes de prevención de riesgos en otro sector diferente al de la construcción, Roberto y Ana se ponen a estudiar cada sector específico, sus normativas aplicables, qué se considera EPI y qué elemento no entra dentro de esta definición.

En la definición de EPI, dentro de la Ley de PRL, se excluyen de esta definición:

➲ **Los equipos de servicios de socorro y salvamento.** Según establece la Ley de PRL, un EPI es un elemento cuyo objetivo es evitar un daño, diferenciándolo de los equipos que se usan una vez que el daño ha ocurrido o que se utilizan en la protección o rescate de otras personas. Por ello, estos elementos no se considerarán EPI:

  ◑ Chalecos salvavidas de los barcos.
  ◑ Equipos de protección respiratoria usados por bomberos para las personas que rescatan.

🜂 Equipos que se utilizan para rescatar a terceras personas en caso de una caída en altura.

➲ **Los equipos de militares, policías y personal de mantenimiento del orden.** En este caso no se consideran EPI porque las condiciones particulares y circunstancias especiales en las que deben ser usados necesitan una legislación más específica.

Hay que destacar que estos equipos excluidos están correlacionados con las actividades que a su vez se excluyen del ámbito de aplicación de la LPRL.

➲ **Los equipos de los medios de transporte por carretera.** En este caso, el uso del casco viene fundamentado por la Ley sobre Tráfico, Circulación de Vehículos a Motor y Seguridad Vial, y su uso no depende de requisitos preventivos que debe cumplir el empresario. Sin embargo, si el desplazamiento en motocicleta se diera durante el trabajo, por ejemplo, dentro de una explotación agrícola, sí entraría dentro del ámbito de la normativa de prevención de riesgos.

 SABÍAS QUE...

En el caso del deporte, los chalecos salvavidas de monitores de deportes acuáticos, cascos de monitores de esquí, etc., se encuadran dentro de la definición de EPI. A estos EPI, independientemente de uso laboral o privado, les son de aplicación también la normativa en cuanto al diseño y fabricación.

3. Selección de EPI en diferentes sectores específicos

 HILO CONDUCTOR

Roberto tiene mucha experiencia en la búsqueda del mejor EPI para cada riesgo planteado en una tarea, pero advierte de que, en ciertos sectores, el riesgo, por muy leve que sea, ocasiona un daño que puede ser letal, como en el caso del personal sanitario o el profesional de actividades subacuáticas.

La elección del EPI más adecuado va a depender del riesgo presente dentro de cada sector y de cada tarea realizada. Sin embargo, existen sectores, como los siguientes, que cuentan con ciertas peculiaridades:

➲ **Sector sanitario.** En sanidad existen algunos EPI básicos que sirven para proteger tanto al personal sanitario frente a los riesgos biológicos que puedan surgir como también a los pacientes, evitando la contaminación cruzada.
Entre los EPI básicos, se encuentran:

   ◑ **Guantes:** de examen de un solo uso no estériles. En el caso de contacto con fluidos del paciente, se deben usar dos guantes.
   ◑ **Protección respiratoria:** en contacto con el paciente o con sus fluidos. En este caso, mascarillas, mascarillas con filtros, medias máscaras o máscaras completas dependiendo del nivel de riesgo.
   ◑ **Protección ocular:** pantallas faciales o gafas de montura integral con una mascarilla para evitar cualquier salpicadura de fluidos.

Estos EPI deben complementarse con los productos sanitarios (PS), que no son más que cualquier instrumento, dispositivo, equipo, material, etc., que se usa solo o en combinación con el ser humano. Son, por ejemplo, la ropa de protección, batas, calzado o mascarilla quirúrgica.

➲ **Sector investigación (laboratorio).** En un laboratorio se realizan operaciones muy variadas, donde se manipulan muchos tipos de productos con diferentes niveles de peligrosidad. Por ello, los EPI más frecuentes son:

   ◑ **Guantes:** donde encontramos los de uso general, impermeables frente a soluciones acuosas y muestras biológicas, y los más específicos para productos químicos y físicos.
   ◑ **Gafas:** frente a proyecciones y frente a radiaciones.
   ◑ **Viseras:** de protección facial frente a proyecciones líquidas.
   ◑ **Mascarillas:** para polvo, partículas y gérmenes, y antiolor.
   ◑ **Delantales:** impermeables y se usan para trasvases y operaciones especiales (digestiones).

➲ **Trabajos en inmersión.** Las enfermedades propias de trabajar bajo el agua son variadas, entre las que se encuentran las siguientes: barotraumatismo (lesiones en el oído o pulmones), hipoacusia del buzo (daño en el oído), enfermedad descompresora (formación de burbujas de nitrógeno en los tejidos), hipotermias, etc. Es por ello que los EPI utilizados tienen que ser especiales:

   ◑ Casco o máscara
   ◑ Chaleco de flotabilidad

- ◑ Reguladores independientes por si uno falla
- ◑ Botellas de gas respirable de emergencia
- ◑ Cables umbilicales
- ◑ Plomos (sistema de lastre)
- ◑ Traje de aislamiento (traje seco normalmente)
- ◑ Guantes y aletas
- ◑ Arnés de seguridad

 TAREA 6

Existen riesgos que pueden eliminarse o reducir su impacto en el ser humano dependiendo del EPI elegido y de cómo se esté usando.

Ayuda a Enrique a identificar cada imagen con el equipo de protección que utilizaría y a qué sector específico correspondería.

 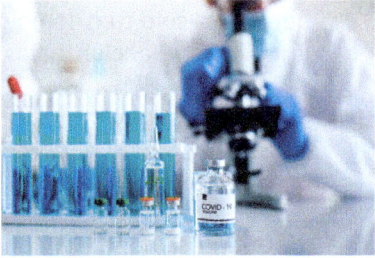

 **ACTIVIDAD COMPLEMENTARIA**

4. Enumera los riesgos a los que está sometido un profesional de actividades subacuáticas.

---

4. Resumen

Existen trabajos que requieren EPI especiales o existen trabajos donde algunos elementos de protección están exentos de la definición de EPI por estar sujetos también a otra normativa más específica. De forma general:

Tipo de EPI	Sector sanitario	Sector investigación	Trabajos de inmersión	Equipos de definición de EPI
CASCO	NO	NO	SÍ	Equipos de servicios de socorro y salvamento
MÁSCARA SEMI O COMPLETA	NO*	SÍ	SÍ	Equipos de militares, personal de mantenimiento del orden
GAFAS	NO*	SÍ	SÍ	Equipos de los medios de transporte por carretera.
MASCARILLA	SÍ	SÍ**	NO	Deportes como esquí monitor de deportes acuáticos...
PROTECTOR AUDITIVO	NO	NO	NO	
TRAJE, BATA	SÍ	SÍ	SÍ	
CALZADO	NO	NO	NO***	

Continúa en página siguiente >>

<< Viene de página anterior

Tipo de EPI	Sector sanitario	Sector investigación	Trabajos de inmersión	Equipos de definición de EPI
OTROS (ESPECIFICAR)			Cordón umbilical, botella de emergencia, doble regulador.	

En caso de riesgo extremo se haría necesario la utilización de gafas, máscara semi- o completa.
**En caso de investigar un agente infeccioso habría que utilizar mascarilla de filtro.*
***En este caso se utiliza como calzado unos escarpines, o escarpines y aletas.*

Ejercicios de autoevaluación
Unidad de Aprendizaje 6

1. Los siguientes elementos están exentos de la definición de EPI:

    a. Chalecos salvavidas
    b. Porra extensible de las fuerzas de seguridad del Estado
    c. Equipo de respiración para un tercero
    d. Todas las opciones son correctas.

2. Indica si las siguientes oraciones son verdaderas o falsas:

    a. Todos los elementos que se ponga el personal sanitario se consideran EPI.

        ■ Verdadero
        ■ Falso

    b. Los guantes utilizados por el personal sanitario se consideran un EPI básico.

        ■ Verdadero
        ■ Falso

    c. Según la gravedad de la patología del paciente se hará esencial utilizar una mascarilla quirúrgica o una máscara completa.

        ■ Verdadero
        ■ Falso

    d. Las gafas son un EPI básico y su uso es obligatorio.

        ■ Verdadero
        ■ Falso

3. En la selección de los EPI adecuados en un laboratorio de investigación...

    a. ... hay que contar como básicos los guantes, las gafas, viseras, mascarillas y delantales.
    b. ... hay que contar solo con guantes y mascarilla.

c. ... hay que tener en cuenta el calzado adecuado.
d. Todas las opciones son correctas.

4. **Algunas de las enfermedades que puede sufrir un profesional de actividades subacuáticas son...**

   a. ... narcosis nitrogenada, o, lo que es lo mismo, "borrachera de las profundidades".
   b. ... hipotermia.
   c. ... intoxicación o mordedura por contacto con un ser vivo.
   d. Todas las opciones son correctas.

5. **En relación con la definición de EPI según la normativa, indica si la siguiente oración es verdadera o falsa:**

   "Los utilizados por militares, policías, etc., están sujetos también a otra normativa más específica".

   ■ Verdadero
   ■ Falso

Glosario

Adaptabilidad
Cuando un elemento es adaptable a la condición física del usuario.

Agente biológico
Seres vivos microscópicos que pueden llegar a causar daño a los seres humanos.

Arnés
Se trata de un correaje muy resistente que se une al cuerpo y piernas del usuario. Este, a su vez, va unido a un sistema de anclaje y sirve como elemento de seguridad.

Atenuación acústica
Es la diferencia media, medida en decibelios, entre los umbrales de audición con o sin protector auditivo.

Barboquejo
Se trata de una cinta con la que se sujeta el casco por debajo de la barbilla.

Calzado
Parte del vestuario de protección del personal trabajador para resguardar su pie en incluso a veces parte de la pierna.

Casco
Elemento de protección que se utiliza para colocarlo en la cabeza del usuario.

Certificado
Documento donde se especifican y validan los requisitos de un objeto para que sea apto para su uso o manejo.

Compresión
Es la acción de comprimir o comprimirse, como en el caso del calzado de seguridad, exactamente en la zona delantera de la puntera.

Dedil
Se trata de una funda de goma u otro material que se coloca en un dedo para protegerlo en el caso de que este tenga una herida y así evitar manchar o contaminar en ciertos trabajos.

Dimetilformamida (DMF)
Es un disolvente utilizado en la industria química y con el que a veces se fabrican los guantes de protección.

Elastómero
Se trata de un polímero con propiedades elásticas.

Electrostática
Se trata de la rama de la física que estudia las interacciones entre las cargas eléctricas en reposo.

Ensayo
Cualquier prueba destinada a determinar si una cosa funciona u ofrece los resultados deseados.

Equipo de protección individual (EPI)
Es cualquier equipo que lleva o sujeta a un trabajador con el objetivo de protegerlo de los riesgos que puedan surgir de su trabajo o de la tarea que esté desarrollando.

Escarpín
Zapatilla utilizada para los trabajos o deportes acuáticos que protegen al pie de la temperatura e incluso de pinchazos, cortes, etc.

Filtro
Elemento fabricado con diferentes materiales que protegen contra gases o partículas o un combinado de ambas y que se utiliza en las máscaras de protección faciales.

Guante
Elemento de protección que se coloca en las manos con el objetivo de protegerlas cuando se desarrollan ciertas actividades.

Homologado
Cuando algo es oficialmente aprobado por un organismo competente en su contexto.

ISO
Se trata del acrónimo *International Organization for Standardization,* es decir, la Organización Internacional de la Normalización, cuya finalidad es la elaboración de normas técnicas internacionales.

Látex
Es una sustancia constituida por resinas, alcaloides, etc., obtenida de algunos árboles y que se utiliza para la elaboración de ciertos materiales, como lo son los guantes de trabajo o protección.

Marcado
Normalmente es un símbolo que viene impreso o cosido en los elementos de protección, donde el fabricante o responsable legal declara que el producto cumple con los requisitos de la ley en cuanto a fabricación.

Nanomaterial
Son materiales con unas propiedades morfológicas más pequeñas de 1 micra en al menos una dimensión.

Peligro
Situación en la que existe la posibilidad de que ocurra un accidente o una desgracia.

Polímero
Se trata de moléculas grandes compuestas de largas cadenas de moléculas más pequeñas.

Prevención
Cualquier acción que se lleva a cabo para que no ocurra o minimizar un riesgo.

Protección
Cualquier acción o elemento que se utiliza para evitar un daño, un peligro.

Riesgo
La posibilidad de que se produzca un accidente, un contratiempo en el que se puede ver afectado uno o varios trabajadores.

Salud
Se define como ausencia de enfermedad, pero también se puede añadir ausencia de lesión que permita que un trabajador realice con normalidad todas sus funciones.

Seguridad
La ausencia de peligro o riesgo.

Señalización
Elementos visuales que se utilizan para dar una información determinada.

Trabajar
Es la realización de una actividad física o intelectual de forma continuada a cambio de un salario.

Trabajo
Se define como la acción o actividad de trabajar.

UNE
Es el acrónimo de Una Norma Española.

Uniforme de trabajo
Vestuario que lleva puesto el personal trabajador y que lo distingue del resto de personas. Es el utilizado por las empresas para que sus trabajadores realicen su actividad laboral.

Vacuna
Sustancia compuesta por microorganismos atenuados o muertos en una suspensión y que se introduce en el organismo para prevenir o tratar ciertas enfermedades. Esta sustancia permite la formación de anticuerpos frente a ese microorganismo infeccioso.

Válvula
Dispositivo que abre o cierra el paso de un fluido, en este caso de aire, por un conducto, ya sea de una máquina o máscara. Ocurre normalmente en un mecanismo de diferencias de presión. Permite que el usuario de la máscara facial pueda respirar.

Vestuario
Indumentaria de una persona.

Vías respiratorias
Son aquellos órganos que participan en la respiración, incluyendo nariz, garganta, tráquea, bronquios y pulmones.

Bibliografía

Monografías

→ *Guía técnica para la utilización por los trabajadores de equipos de protección individual.* Madrid: Instituto Nacional de Seguridad y Salud en el Trabajo (INSST), 2022.

> Lectura recomendada para aquellas personas que quieran profundizar más en la utilización de los EPI según el Real Decreto 773/1997, de 30 de mayo.

→ *Manual formativo del Curso Técnico Básico en Prevención de Riesgos Laborales en Sanidad.* EUROINNOVA, 2006.

> Lectura obligatoria para las personas que vayan o estén desarrollando su trabajo en un laboratorio de un hospital o clínica, con el fin de identificar y prevenir los riesgos básicos presentes en estos lugares de trabajo.

Legislación y normativa

→ Ley 31/1995, de 8 de noviembre, de prevención de Riesgos Laborales.

→ Real Decreto 773/1997, de 30 de mayo, sobre disposiciones mínimas de seguridad y salud relativas a la utilización por los trabajadores de equipos de protección individual.

→ Real Decreto 1076/2021, de 7 de diciembre, por el que se modifica el Real Decreto 773/1997, de 30 de mayo, sobre disposiciones mínimas de seguridad y salud relativas a la utilización por los trabajadores de equipos de protección individual.

→ Reglamento (UE) 2016/425 del Parlamento Europeo y del Consejo, de 9 de marzo de 2016, relativo a los equipos de protección individual y por el que se deroga la Directiva 89/686/CEE del Consejo.

Textos electrónicos, bases de datos y programas informáticos

→ Buzos y bomberos (II): Equipos de seguridad. Disponible en: https://www.interempresas.net/Proteccion-laboral/Articulos/212816-Buzos-y-bomberos-(II)-Equipos-de-seguridad.html

> Un artículo muy interesante de Paula Llull basado en la entrevista a Pere Tussell, jefe de bomberos de GRAE subaquatics, donde se profundiza en la prevención y riesgos a los que se exponen durante su jornada laboral.

→ Equipos de protección individual en el ambiente sanitario, de: https://revistamedica.com/equipos-proteccion-individual-ambiente-sanitario/

> Un artículo escrito en la plataforma *online* Revista Ocronos de la editorial científico-técnica Ocronos por dos profesionales de la salud del Hospital Universitario Central de Asturias. En él, se desarrolla un buen estudio sobre los equipos a utilizar y cuándo hay que emplear alguno más especial.

→ Seguridad en el laboratorio de microbiología clínica. Disponible en: https://www.elsevier.es/es-revista-enfermedades-infecciosas-microbiologia-clinica-28-articulo-seguridad-el-laboratorio-microbiologia-clinica-S0213005X14002882

> Un artículo publicado en la famosa revista Elsevier, dentro de su apartado de Enfermedades Infecciosas y Microbiología Clínica. Es un buen estudio de la seguridad en un laboratorio donde se trabaja con los seres vivos más microscópicos y muchas veces patógenos.

→ Tipos de EPI. Disponible en: https://epiconstruccion.lineaprevencion.com/tipos-de-epi

> En este enlace de la Fundación Estatal para la PRL se esquematizan los diferentes EPI que están homologados y se aporta una descripción muy amplia tanto de los equipos como de la normativa aplicable, etiquetado y marcado correcto, etc.